A gente pode...

Anna Claudia Ramos
Ana Raquel

...desenhar sem ficar rabiscando igual nenenzinho.

...mexer com tesoura sem ponta na escola.

...se vestir sozinho, só às vezes a mãe ajuda.

...aprender a ler e a escrever.

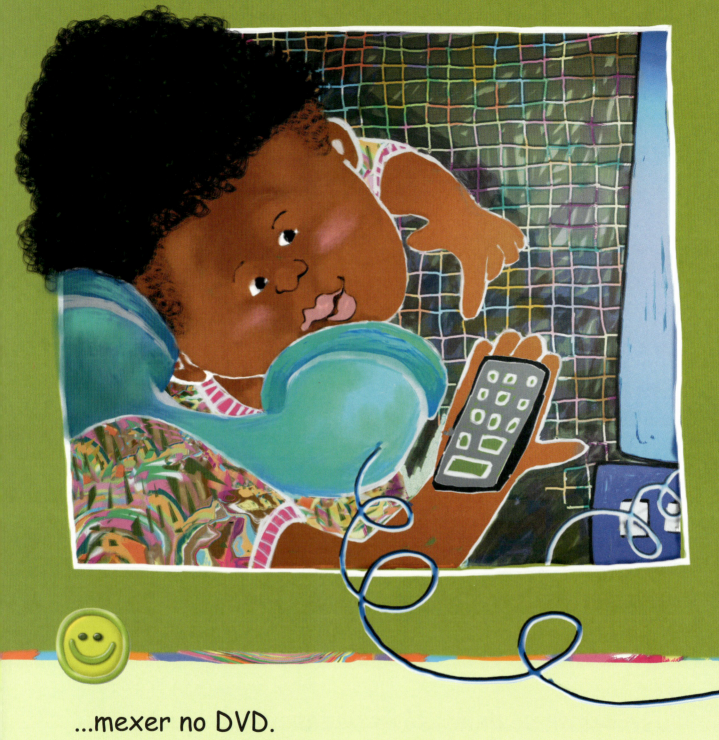

...mexer no DVD.

...atender o telefone.

...brincar de pique-esconde e de pular corda.

...tomar banho sozinho.

...guardar os brinquedos depois de brincar.

...abrir a geladeira e colocar água no copo sozinho.

...ter um amigo pra sempre.

...deixar o amigo brincar com quem quiser.

...ir brincar na casa do amigo sem a mãe ficar lá.

...comer toda a comida sem a mãe dar na boca.

...escutar o que a mãe e o pai falam pra gente.

...dormir na casa do amigo.

...ir no banheiro sozinho e se limpar sem chamar a mãe.

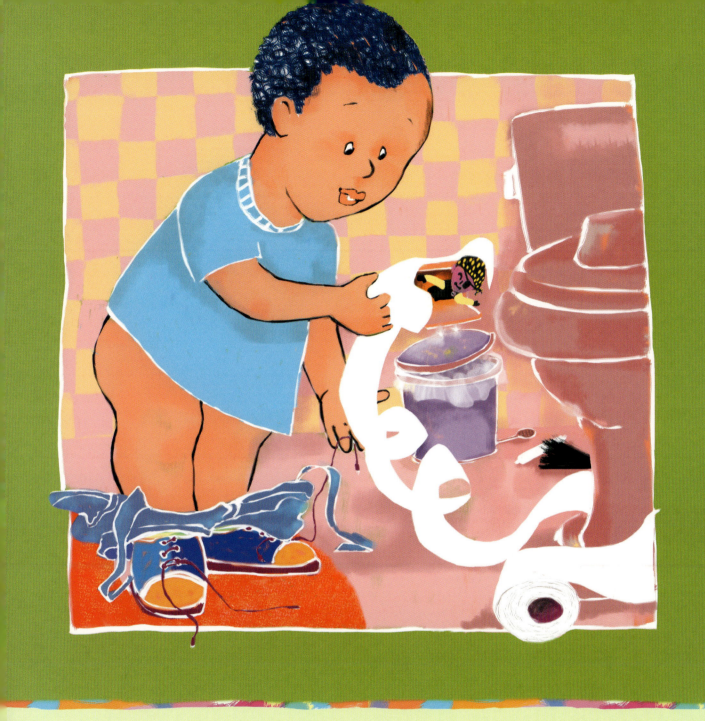

...aprender a amarrar o tênis.

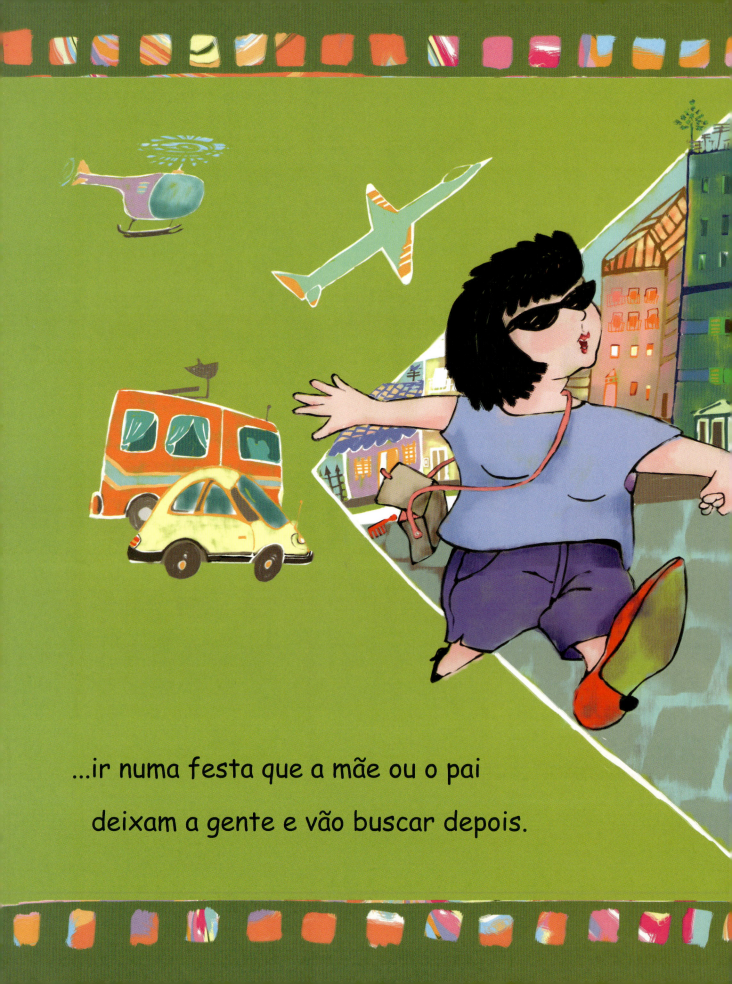
...ir numa festa que a mãe ou o pai deixam a gente e vão buscar depois.

...soltar a mão da mãe ou do pai quando atravessa a rua.

...bater no amigo quando briga, porque a professora diz que tem que conversar.

...mexer no fogão sozinho, nem cozinhar.

...rasgar os livros.

...dar ataque na rua quando a mãe diz que não pode comprar o brinquedo que a gente quer.

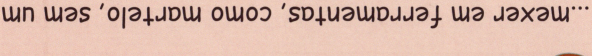

"...mexer em ferramentas, como martelo, sem um adulto perto da gente.

...esquecer a torneira da pia aberta depois de escovar os dentes.

...mexer em bicho feroz.

...meter o dedo na tomada, porque já sabe que leva choque.

...fazer xixi na cama.

...mexer com fogo sozinho.

...acender balão.

...chegar perto da janela sem proteção sozinho.

...dirigir carro nem moto.

...andar de elevador e na rua sozinho.

...fumar e nem mexer em cigarro.

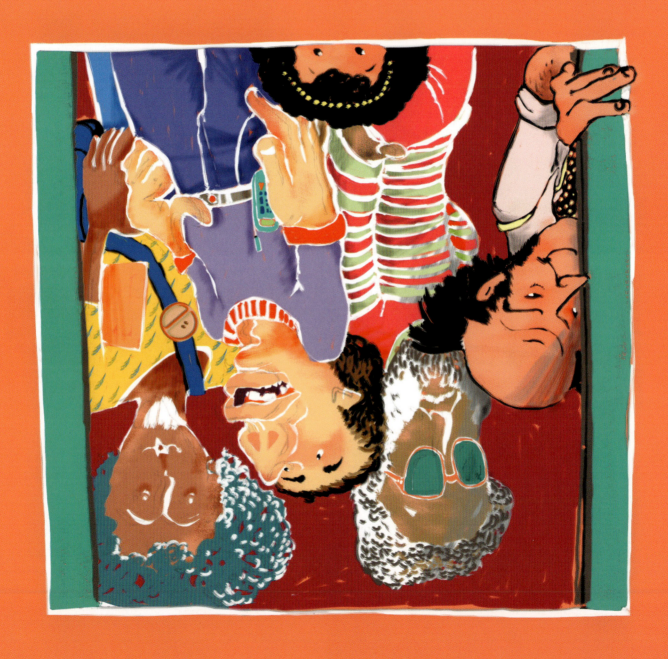

...falar com estranhos, nem com ladrões ou bandidos.

...brincar com armas de verdade.

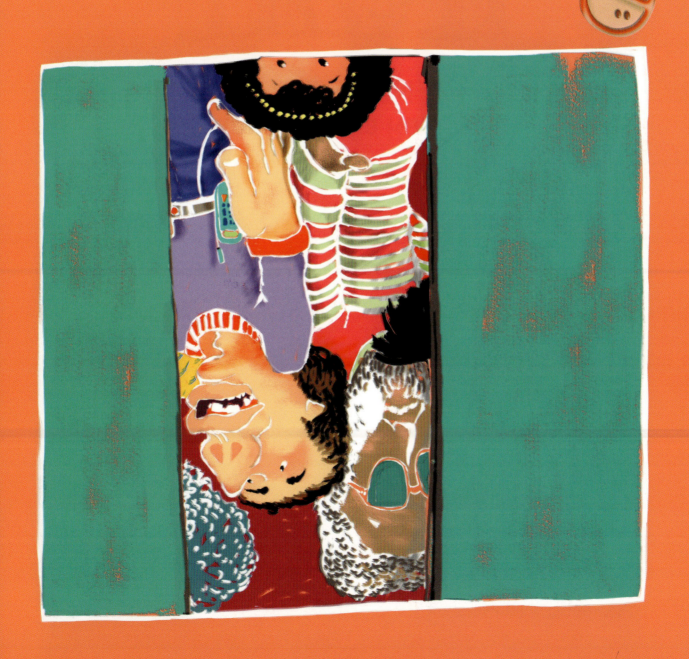

A gente NÃO pode...

Anna Claudia Ramos
Ana Raquel

DCL